JN438426

문학사랑시인선 50

계절의 그루터기

신 경 자 시집

오늘의문학사

군중 속에 내가 있다.
생각만 해도 가슴이 뛴다.
미치도록 희열을 느낀다.
행복감과 긴장감이 팽팽하다.
계절을 뛰어 넘어
봄에서 가을로 가는
여름은 내 것이다.

계절의 그루터기

신 경 자 시집

머리말

일찍이 7~80년대에 뜻이 있었다면, 책을 많이 읽어 깊은 뜻글자와 깊은 언어가 아름답게 장식되어 읽는 이들로 하여 감동을 주었겠지만, 뒤늦게 생활에서 묻어 나오는 쉽고 편한 일상의 언어로 빚은 작품이 어떠한 감동을 줄 수 있을까 걱정이다.

부담 없이 읽을 수 있었으면 하는 바람을 가져본다. 온종일 콘크리트 가게 안에 갇혀, 밤이 되어 겹겹 쌓인 피로는 더없이 힘겨웠지만, 가끔씩 사색을 여행하며 얻는 마음은 더없이 고맙고 가슴 비우며 사는 삶이 얼마나 행복한지 모른다.

나의 행복 시(詩)가 누구에게는 별것 아닐 수 있지만, 웃음과 행복을 주는 그런 책이었으면 좋겠다. 첫 시집에서는 그동안 빚은 작품 100편을 선보인다.

몇 달 전 돌아가신 친정어머니에 대한 그리움, 손톱이 다 닳도록 어려웠던 긴 터널을 지나온 세월에 삶의 희로애락(喜怒哀樂)이 오롯이 들어 있다. 때로는 '추억은 아름다웠노라' 여기며 햇볕 쏟아지는 희망 시, 행복 시, 사랑하는 사람 누군가와 함께 읽히기를 기대하며 변함없는 사랑의 시를 많이 쓰고 싶다.

3가지 소망 중 2가지(내훈, 행복 시)를 이루었으니 내 아들을 위한 침구백서를 쓰기 위한 작업도 게을리 하지 않겠다.

생각하면 정말 행복한 나날이다. 열정 하나로 겁 없이 출간하는 시집이 마음을 움츠리게 만들지만, 기회가 주어진다면, 그리고 현직에서 물러나면, 여러 곳을 여행하면서 늦게나마 자연과 소통하고 싶다. 보고, 느끼며, 하늘과 땅 사이에 내가 존재하고 있음을 확인하고 싶다.

내 조국이 건재하고 내 가족이 건재하니 무엇을 더 바라겠는가. 깊이 있는 시, 아름다운 시어를 엮어 꼭 다시 한층 더 진실된 마음을 전하는 시인으로 서리라 다짐해본다.

부모님까지 절로 생각나게 하는 고향에 안겨 가슴 적시는 정과 미소, 가만히 있어도 웃음기가 절로 도는 시를 꼭 쓰고 싶다. 새 학기만 되면 문자보다 할머니의 손 편지를 기다리며 행복해 하는 손자 손녀를 생각하면 추억은 더욱 아름답다. 그래서 편지를 받아볼 그들보다 쓰는 내가 더 행복하다.

2017년 어느 날
글쓴이 **신 경 자**

차례

차례

3부 선 위의 선

차례

4부 詩 사랑 마중녀들

차례

대청호 마라톤
2016

1부

사랑하는 어머니

사모곡(思母曲)

나라 없는 설움이 제일이니,
빌어먹어도
내 나라가 있어 좋으리니,
떠나지 마라.
언제부터인지 멘토가 되시던
어머님이
저 멀리 하늘나라로 가셨다.

어머니 1

석양의 노란 하늘빛
"걱정 마. 넌, 해낼 수 있어."
어머님 말씀을 들었다.

"귀신도 너 못 이겨!"
신념을 가지고 위기를 극복하라시던
그 말씀.

"견디며 해내는 기쁨을
어디에 비하겠니?"
환한 웃음.

이승은 애끓는 그리움으로
가슴 찢어지는 듯 아파도
밥도 잘 먹고, 잠도 잘 잡니다.

웃고 떠들면서도 문득, 어머니,
당신의 빈자리가
너무 큽니다.

어머니 2

소식이 있음은
살아 있음이요,
살아 있음을 행함은
서로의 정입니다.

그 정 속에
이끼가 낄 대로 끼어
미끄러질까봐
노심초사합니다.

괜스레
외로움이 밀려오면
그리움이 쏟아지는 날이면
보고 싶습니다, 어머니!

어머니 3

나의 신앙이시며
살아갈 이유와 존재 가치를
지탱해 주는 큰 기둥.

혼미하여 갈피 못 잡고
북망산 가고 싶어
질긴 인연 떼려고
마지막 화살촉 당기시는구나.

짧은 황금시간
비통함에 한숨 쉬고 보니
내 어머니, 한줌의
하얀 재로 눈앞에 있다.

* 북망산 : 중국 동북쪽 하남성 위치(황후나 공경이 묻힘.)

어머니 4

딸의 손 놓칠까봐
꼬옥 잡으신 어머니.

산고의 아픔 겪으시며
창자가 다 녹아내리고
자책하며 쥐어뜯는 가슴앓이도
어쩌지 못합니다.

당신을 보낼 수밖에 없어
죄송합니다.
당신은 이승에서
충분히 훌륭하게 사셨습니다.

치료 약 필요 없다 하시니
어머니, 명약도 없습니다.

* 임종시기가 다가오면서 내손을 꼬옥 잡으셨다.

어머니 5

내 어머니 고향 흑석리
지척에 두고도
동행해 드리지 못한 불효.

세월의 무게에
가죽만 남은 어머니 모습
앙상한 손 만져보다
눈물이 솟는다.

혼신을 다해 자식을 키웠듯
매일 웃으실 수 있도록
내, 기꺼이
죽을 수 있다면.

어머니 6

자식의 목이 어찌 될까, 무릎에 관절이 생길까, 가는 허리 부러질까, 당신 머리 위에 잔뜩 이고, 허리에 잔뜩 지고, 목이 부러질세라, 허리가 부러질세라, 무릎마저 삐걱거려도 당신의 무거운 삶, 작은 몸에 이고 지고 노심초사 낳은 죄, 새끼들 걱정으로 철없이 좋아라 하는 자식 앞에 밝은 웃음, 환한 웃음을 보이시던 내 어머니 이순영 여사의 그 미소를 다시 보고 싶습니다.

* 산문시 형식으로 써보았다.

어머니 7

누가 왔었나?
큰 화분이 자리를 옮겨 앉았다.

"내가 옮겼다."
"엄마? 대박!"
온전치 않은 굽은 허리인데,

수원성 쌓았던
조선의 정약용 머리 빌려
거중기를 쓰셨나?

가당찮은 생각,
상상 초월,
참으로 지혜로운 분이셨다.

* 정약용 : 조선 정조 때 학자. 미끄러운 방석을 깔고 위에 화분을 올리고 두 발로 밀으셨다.

어머니 8

어린 날 어머니는
계모 같았어요.
자라면서 내 어머닌
못나 보였어요.
장년 되고 보니 어머니의
참 모습이 보였어요.
당신의 숭고한 뜻
늙어서도 다 헤아리지 못합니다.
당신께 드리고픈
그 많은 언어 중에
내 어머니의 사랑은
어느 표현으로도
대신할 수 없네요.
영원히 가늠할 수 없는 사랑,
나의 어머니.

어머니 9

5月 들어 더욱 푸른 새싹,
낙엽 밟혀 부서지던
그 고갯길이
바람과 함께
형벌처럼 다가오는
가로수의 아름다운 손짓.
어버이날
하루 효마저
거부하시는 당신,
늘 부족한 이 자식이
거친 어머니의 숨소리마저
못 들을까 봐,
두렵습니다, 어머니.

* 병상에 8년째 계시면서 어버이날 맞음.

어머니 10

"어서 가거라. 빨리 가 ―."
딸이 바쁘게 사는 모습 보며
평생 곁을 벗어나지 못하고,
딸집에 있어
두 다리 못 뻗고
주무신다던 어머니.
더는 내줄 것 없이 다 내주었으면서
뭐가 그리 죄스러웠을까?
집안에 큰소리 나면 재수 없다고
조용히 참고 살라고
건강했던 젊은 날의 삶을
송두리째 딸네 집에
저당 잡히고도 억울하지 않으세요?
가랑잎 같이 가벼워진 어머니.
죄송합니다, 어머니.

* 오빠는 오래 앉아 있으라하고, 딸은 바쁘다고 어서 가라 손사래 치신다.

어머니 11

불볕더위에도
구슬땀 흘려가며
힘겹게 홍두깨 밀어
맛깔나게 끓여주신 엄마표 칼국수.
뜨거운 양은 통에
싣고 와 후~후 불며
나눠먹던 좋은 이웃 시장사람들.
베풀고 아우르는 정
조건 없는 어머니의 희생.
훈훈한 칼국수의
하얀 김 되어
따스하게 감겨온다.

어머니 12

금강 새벽 물가에서
'부모님 은혜'를
목청껏 불러본다.
후련할 줄 알았는데
흐르는 물 속 아픈 마음
끌어안고 흐른다.
자식에게 속 다 내주고
빈껍데기만 남은 어머니,
병상에서 일어나세요.
좋은 옷 입고
어머니 손 꼭 잡고
이제 나들이 가게요.

* 8년째 병상에 계신 어머니, 새벽 금강에서 목이 터져라 '부모님 은혜'를 부르며 실컷 울었다.

어머니 13

내 어머니 태어나실 때
나는 몰랐네.
내 어머니 이 세상 하직하실 때
가슴 찢어지는 아픔이었네.
아득하게 두고두고
소금 뿌리듯
가슴 저림은
더는 감당 못할 큰 아픔이었네.
부디 당신의 지혜로움으로
태산보다 더 높은
감동의 밝은 빛이 내려쬐는
그 길로
아름답게 가시옵소서!

어머니 14

하늘 보며 부끄럼 없이
산 삶이었다고
그 누가 말하랴.
한 줌의 재 그렇게 내려놓고
아무렇지 않은 듯
산을 내려왔구나.
애간장 녹이는 슬픔으로
살아낼 힘 다 소진할 줄 알았는데
아무렇지도 않구나.
살아 있음이 죄가 되는 그리움
나의 어머니.

어머니 15

어려서 어머니는
아니 자도 되는 줄 알았습니다.
"너나 어서 자거라."
어른이 되면 새벽잠이 없는 줄 알았습니다.
그러시던 분이
새벽잠을 이기지 못하시고
영원히 잠드셨습니다.
다시 오지 못할 곳으로 우리를 두고 가셨습니다.
보고 싶을 땐 어쩌시려구요?
눈물샘이 범람하는
새벽입니다, 어머니.

* 2016년 8월 7일 새벽 3시 영면.

어머니 16

편히 가소서.
훌훌 털고 편안히 가소서.
이승에서 꼭꼭 가두었던
불편한 몸과 마음
다 내려놓으시고
편히 가소서.
저희가 존재하고 있는 것
자체만으로도 당신은 이미
훌륭하십니다.
당신의 편하고 환한 얼굴이
하늘에 닿았습니다.
영원한 별로 총총히
박혔습니다.
편히 잠드소서.

어머니 17

화장터 No 7번,
이승에서의 마지막
엄마 No 7번,
이글거리는 1000도의 불꽃 속으로
영원히 사라지셨습니다.
당신은 이승에서 불꽃처럼
훌륭하셨습니다.
환영 받으시며 이승의 미련
모두 내려놓으세요.

* 하얀 명주 수의가 마치 신부 드레스를 입은 듯했다.

어머니 18

할머님이 다시 못 올 곳
북망산으로
기어코 떠나셨구나.
그동안 힘들고 보람 있었던
짐마저 내려놓고
저 멀리 큰 산 끌어안고
오로지 손자, 손녀 안위와
금쪽같은 자식 위해
더 큰 명산 찾아 떠나셨구나.
언제 다시 뵐지
그리운 내 어머니 한줌 재로
그렇게 내려놓고
도망치듯 내려왔구나.

* 북망산 : 중국 동북쪽 하남성에 있음. 왕후나 공경이 묻힘.

어머니 19

소원대로 리무진 타시고
홀연히 떠나신
나의 어머니.
골육지간의 정은 어디에 두고
애써 슬픔을 삼키며
쓰러졌다가도
밥 한 그릇 잘 먹고 잘 잤습니다.
망각 속에
인연이 없었던 것처럼 잊혀 갑니다.
일상으로 돌아가렵니다.
슬퍼하지 않으렵니다.
어차피 그리움 쌓이고 쌓여
까맣게 멍들었습니다.

* 살아생전 "나 죽으면 최고 좋은 차 태워 보내렴." 하셨던 어머님.

어머니 20

유난히 눈이 많이
오는 날
아버지께서 딸네 집에 오셨었다.
고속버스가 위험하다고
기차를 타고 가신
아버지가
그 해 겨울도 넘기지 못하시고
우리 가족 곁을 떠나셨다.
남들에게는 성인군자이신 분이
어머니에겐 왜 그리도
모질었을까?
그런 원망마저도
아픈 사랑의 기억이 되어
그 추억마저 그립다.
가끔은 아버지가 보고 싶다.
어머니가 먼 길 떠나신 오늘 따라,
아버지가
오늘 따라 사무치게 그립다.

어머니 21

미역국 말아 겨우
한 모금 넘기는 소리
저만치 멀다.
한 끼만 굶어도
자식 걱정되어 당신까지 굶으시고
“눈 맞지 마라.”
“비 맞지 마라.”
걱정 놓을 날 없으셨던 어머니.
앙상하게 뼈만 남은
당신의 손 붙들고
안타까워 하지만
어찌 그 마음 다 헤아릴까.
“내 걱정 마라. 괜찮다. 괜찮아.”
그 날이
마지막 생일상이 될 줄은
정말 몰랐다.

어머니 22

저 높은 하늘에 비하리까, 저 넓은 바다에 비하리까, 한 치 알 수 없는 내 마음속에 당신은 늘 자리하고 계십니다. 뭔가 풀리지 않아 괴로워 할 때, 몸이 아파 호소할 때, 마음이 아파 외롭고 괴로울 때도 살 찢기는 상처의 가시밭길 가기도 전에 헤어나지 못할 폭풍우가 오기도 전에 "곧게 나가거라." 쓰러지기도 전에 일으켜 세우셨습니다. 영혼까지도 맑으신 당신, 이 생명 다하는 날까지 영원토록 흠모하며 살렵니다. 나의 신앙, 나의 어머니!

* 산문시 형식으로 써보았다.

어머니 23

유난히 책을 좋아하셨던
내 어머니.
목욕통에 물도 가득 채우지 못하고
씻으셨던 어머니.
당신의 고통스러웠던 삶이
너무 무거워
끝내 병상에 누워 계시니
비자금 털어
로비라도 할 수 있다면,
업고 도망치면,
차마 저승사자 따라오지 못하려나요?
창밖의 맑은 하늘에
희망의 메시지를 띄워봅니다.

어머니 24

강아지가 교통사고로
대수술 받던 날.
"불쌍한 내 강아지 살려야 된대유?
이대로 죽여야 된대유…."
세 시간에 걸친 힘든 수술 마친
감동의 젊은 의사 선생님
행색 안 되어 보여 걱정 말고 가시라 했다니….
자식 돈 쓰는 것 아까워
민폐 끼쳤다고,
며칠 모은 용돈 갖다 드리고
"머리 좋은 사람이 마음도 좋구나."
하셨던 내 어머니
저—벅 저—벅
저승사자 발소리 같아
귀 막고 싶다.

2부

교황님 오시던 날

이미 지면에 발표한 글을 모아 보았습니다.

계족산

건강한 몸 소망하며
황토 길을 걷는다.

숲속을 뛰어노는
내 마음의 햇빛들

신바람
행복한 미소
나이 건너 눈맞춤.

* 《문학사랑》 2017년 여름호
* 단시조 형식, 정형시로 쓴 작품.

야유회

가족의 정을 모아
나들이를 나선다.

“다슬기 잡았어요.”
생기 푸른 목소리

송사리
발 간질이며
가족처럼 따른다.

* 《대전문학》 2017년 여름호
* 단시조 형식, 정형시로 쓴 작품.

충주, 문학기행

통일신라 중원의 꿈이
펼쳐지던 충주
7층 중앙탑과 조정경기장
문학인, 공원, 조각, 충주호의 바람, 사람
4대째 무형문화재가 빚은
청명주, 메기탕
지금은 행방불명되신
모밀꽃 작가 정호승 시인의
야산 정상의 탁 트인 곳에 자리한
시비
명당의 조화가 어우러져 다시
모밀꽃이 재탄생되어 문학인들을
감동케 하는 구나
문학사랑의 높은 뜻 길이 새기리
뜻 깊은 여행이었다.

* 《월간 충청예술문화》 2017년 6월호

수첩

수첩을 연다.
끝없는 수평선의 여백에
편지를 쓴다.

지난 해 아팠던 상처는
잘 아물었는지,
나도 같이 아픈 마음으로
안부를 묻는다.

이제 새롭게 세울
우리 우정의 꽃대에도
꽃을 피워보자며
그림을 그린다.

수첩을 닫으며
아직도 많이 남아 있는
여백에 그대를 가둔다.

* 《문학사랑》 2017년 봄호

봄날의 아지랑이

푸른 하늘만 바라보아도
몰래 가슴이 떨립니다.

숨을 내 쉬어도
숨을 크게 들이마셔도
그대의 눈빛이
봄날 아지랑이처럼
이렇듯 곱게 다가섭니다.

봄빛이 꽃길을 만들 때
가슴이 먼저 놀랍니다.

* 《대전문학》 2017년 봄호

무수동에서

오래 전에 터를 닦았다.
유리알 같은
맑은 마음으로
조상 섬기는 유희당

이웃을 돌보라고
착한 마음을 닦으라고
뿌리를 생각하라고
나뭇가지 사이 말씀이 보인다.

* 《문학사랑》 2016년 겨울호

비 오는 날

우산을 쓰고 거리를 걷는다.
어깨를 나란히
걷기도 하고
어깨를 부딪치며
눈을 흘기며 가기도 한다.

어쩌면
비오는 마당에
지렁이 기어가다가
햇빛이 나면
오그라드는 것처럼

살고 죽는 것이
빗방울 몇 줄기와
햇볕 몇 줄기에 달려 있다.
참 세상이 쉬워 보인다.
참 삶이 쉬워 보인다.

* 《대전문학》 2016년 겨울호

입추(立秋)

태양의 열정이
아직 한창인데
가을이 턱밑에 와 있다.

잠이 오지 않는 밤
어느새
시끄럽던 매미소리가
잠잠해지고
귀뚜라미 소리가 찾아왔다.

새삼 반가운 계절이다.
가슴에 드는
서늘한 밤기운에
정신도 삽상하다.

*《문학사랑》 2016년 가을호

쌀밥

보리쌀 한가운데
흰쌀 넣어
정성스레 담겨졌던
아버지의 밥 한 그릇

어린 입에
침 꿀꺽 삼키며 바라보던
제일 먹고 싶던 하얀 쌀밥

아득히 먼 기억이 된
무섭기만 했던 아버지가
그립다.

* 《문학사랑》 2016년 봄호

전통시장

정을 듬뿍 담아 드려요
덤도 듬뿍 받아가세요
시장 가방에 가득
담아가는 정
처음 보는 사람끼리
웃으며 떠들며 셈하는 곳
정 넘치는 전통시장
팍팍했던 가슴속에
그까짓
지폐 한 장이 뭐라고
이 맛 저 맛 살맛
훈풍이 살랑살랑
아줌마 엉덩춤 일품일세.

* 2016년 《대전동구문학》

쉬엄쉬엄

기쁠 때 막 뛥니다.
외로울 때도 막 뛥니다.
그렇지 않을 때도 막 뛥니다.
바쁠 땐 더욱
뛥니다.
생활이 되어버린 뜀박질
불혹을 훨씬 넘은
아들의 목소리
"이젠 제발 뛰지 말고 쉬엄쉬엄
걸으세요."
"아들아, 감동 먹었어. 이건
정말 대박 사건이란다.
고마워 아들!"
쉬며 걸으며 그동안 저축해놓은
에너지
행복의 엔도르핀이 마구 샘솟는구나.

* 2016년 《대전동구문학》

그리움

그립다, 보고 싶다!
추억은 환상 속의 삶이다.
아픈 가슴 미처 못 나누고
내 몸 가누기에 바빴던 세월을 건너
미치도록 보고 싶다.
태풍이 치면 좋으련만,
회색구름이 작은 가슴을 더 짓누른다.
저 구름 따라가면 만나려나,
꽃 한 송이 들고 따라가면 웃으려나,
삶의 가면을 벗는다.
"진정 사랑하였다.
내 죽는 날까지 너 그리며 살리라."
홀연히 떠난 그 가을,
몇 번의 가을이 가야만 만날 수 있을까.
찢어지는 그리움을
예고 없는 소낙비에 적시며
너의 환영을 가슴에 담는다.

* 2016년 《대전동구문학》
* 갑자기 떠난 동생을 그리며….

은행잎

지루한 가을 길목 우울한데
낙엽 밟는 서글픔 아파하며
새살 돋는 봄의 기다림인 것을

세대는 세대를 넘어 밟으면
부서짐은 통쾌함이 아니요
착각하며 마구마구 밟아
다시는 돋아나지 않도록 짓밟는 세태.

다시 보지 않을 것처럼
잔인하다 말할까.

사각사각 가을 지는 소리
짓밟히고 싶은 인생 어디 있을까.
새봄의 활력을 불어넣는
삭힘의 무게.

너무 가벼워진 내 어머니의 몸처럼
발밑에서 부서지는 은행잎 소리
슬프고도 아름다운 자연의 섭리.

* 《문학사랑》 2015년 겨울호

가을 낙엽

반갑지 않은 가을비
하루 생업 고스란히 망쳐버렸네.
서로 닮지 않은 너와 내가
저 잘났다 서로 뽐내던 시절
너도 노랑, 나도 노랑
우리 같이 노란 옷 입고
서로 친하진 않았어도
오늘 나뒹구는 모습은 영락없는 나이로다.

바람 불어 뚜루루루
정처 없는 걸 아는지 모르는지
갈 데까지 갈진대
제발 옆구리 밟히지 말고
올곧게 가거라.
세찬 바람 아니어도
가을 낙엽은 밟는 몸짓 따라
바삭거리거나 바스락거릴 수 있노라.
홍학의 군무도 어디 이보다 아름다울까?

아름다운 낙엽을 보고 있노라면
갈마동 고갯마루의 그 낙엽이
유독 내 마음을 아프게 한다.
밟아 부서지는 저 낙엽 소리
내 어머니의 아픈 탄성으로 다가와
자꾸만 가슴이 조인다.

* 《문학사랑》 2015년 여름호

원초적 뜀박질

기분 좋은 날이면 뛰었다.
어려서부터 무턱대고
팔딱팔딱 뛰던 뜀박질,
때론 아버지께 회초리 맞지 않으려고
무조건 뛰고 또 뛰었다.

젊어선 생활이 바빠서 뛰었다.
내 시간은 금이요 돈이었다.
지금의 내 몸은
부가가치 높은 명품이 되었다.

남편의 잔소리도 나를 뛰게 하였다.
주부생활, 학부모들 사이에서도
달리기 선수로 뛰었다.
이젠 뛰는 생활을 뛰어넘어
건강을 위해 달린다.

쫓기며 살던 금쪽같던 지난 날
내 숨을 헐떡이게 만들었던
원초적 뜀박질,
그게 내 인생의 마라톤이다.

* 《문학사랑》 2014년 겨울호

영광의 마라톤

두근두근 가슴이 뛴다.
숨차고 할딱거린다.
어느새 5킬로미터를 넘었다.
나만의 행복감
해냈다는 성취감
할 수 있다는 자신감으로
생체적 메시지가 희망이다.

군중 속에 내가 있다.
생각만 해도 가슴이 뛴다.
미치도록 희열을 느낀다.
행복감과 긴장감이 팽팽하다.
계절을 뛰어 넘어
봄에서 가을로 가는
여름은 내 것이다.

뛰는 내내 헐떡거림은
두렵기도 하지만
나는 해낸다.
마라톤의 완주는

내 나이의 영광이 아니던가.
비록 10킬로미터 완주이지만
나는 소리치며 자랑한다.

* 《문학사랑》 2014년 겨울호

교황님 오시던 날

그는 전 세계인의 아버지셨다.
그 분의 걸음걸음은
낮은 데에서도 높아 보였고
높은 데에 계셔도 낮게 임하셨다.
카톨릭계 수장이지만
여러 종파와 인종을 떠나
일치를 이루려 노력하셨다.
억울한 사람
노동자와 장애인
위안부 할머니까지
아픔을 아우르고 품어주셨다.
먼 이국 만 리에서
노구를 이끌고 오신 그가
한국 땅에 참 평화의 씨앗을 뿌리셨다.
124분의 한국 순교자들 시복식에서
복자로 부르시고,
성인의 반열에 올리셨다.
순교자들께서도 하늘에서
춤을 추실 거 같다.

아픈 대한민국의 위로를 받아
감복하실 것 같다.

* 《문학사랑》 2014년 겨울호

백골의 신

수천수만 사람의 신으로 살았던 그가
하얀 백골이 되어 돌아왔다.
그대 영혼이 있다면 지금 이 순간을
뭐라 말하겠는가.
당신의 처참한 그 몰골이
바로 당신이라니
정말 추하고 나약하기 그지없는 그대여,
형체조차 알 수 없는 그 모습이
유병언 당신이라니
믿을 수 없소이다.
참으로 믿기 어렵소이다.
지금 이 처참한 모습이
구원파들의 지도자 당신이 맞는가요.
그 카리스마 넘치던 지난날은
어디로 갔소이까.
세상을 조롱하며 비리로 얼룩졌던
당신의 삶에 누가 눈물 한 방울 뿌릴까.

꼽추 짐을 지고 간들
이 세상 죄 어찌 갚을까.

* 《문학사랑》 2014년 겨울호

조선의 선비에 견주다

내 남편의 꼿꼿함을 어디에 견주랴.
대나무에 비기랴, 동판에 비기랴
아무리 생각해도 조선의 선비다.

그에게 따뜻한 미소 한 점 없었더라면
그에게 따스한 배려 한 점 없었더라면
나 무얼 믿고 그를 따랐을까
무거운 짐 양손에 가득 들고
나 힘겹게 걸어도 따라만 오던 그,
덥석 짐을 받지 않던 그
무거운 짐 견디다 못해 내려놓아도
그냥 서서 마냥 기다린다.
다시 짐 들고 걸으면 같이 걷고
힘들면 같이 쉬어 갈 뿐 짐을 받지 않는다.

곁에서 씩씩하게 따라 걷는 그 사람
선비는 결코 부인의 짐을 받아들지 않는다.
그런 배짱 좋은 남편이다.
그는 꼿꼿한 조선의 선비다.

* 《문학사랑》 2014년 겨울호

성묘의 김밥

조상 섬기는 마음 안고
진중한 성묫길.
다섯 손자, 손녀 왁자지껄
할머니 손에 든 김밥꾸러미에
큰 관심 보이고
열심히 설명하시는 할아버지께
"언제 김밥 먹어요?"
재촉하던 올망졸망이
이제 어엿한 청소년이 되어
조상 숭배하는 마음 각별하다.
조목조목 질문하는
우리 집안 보배들, 올 성묘는
더 든든하고, 내훈의 가치가
더 빛나는 해인 것 같다.

* 오사필의 '나의 일이 끝났도다.' 라고 할 정도로 집착했던 내훈집 2015년은 소망했던 내훈집을 출간하고 내 후손들에게 작은 지침서가 되길 희망하며, 올 성묫길은 남다른 감회가 있었다.

가족사랑

열정을 갖고
뛰어라.
당당하게 달려라.
자신과 가문을 위해
더 높이
날아라.
그대를 멋지게
빛내주는
인내와 자신감,
힘의 원천
바로
가족 사랑이다.

영원의 상징

영원의 상징
남편이 심어놓은
유원문 앞 주목
온갖 풍파
견뎌낼 사명감으로
위풍당당 푸르른 빛.
경남 함양 사금동 온 마을
조상님의 음덕이 감돈다.
가는 곳
보는 곳
만발한 영산홍
우뚝 서 자랑스럽네.
다음에
주목, 너 만나러 올 땐
흰머리 염색 않고
세월의 무상함 함께
느껴보고 싶다.

현직

올 가을 문학기행도 희망사항이다.
가을 혼수철 1人자의 비극적인 위치다.
누가 퇴물이라 할까,
존재 자체를 억지 역행한다 해도
창살 없는 감옥은
1人자의 고뇌와 강인함으로
굳건히 자리 보존한다.
가을 고추잠자리가 보고 싶다.
나의 꿈을 날개에 싣고
훨훨 날면 아마
어렸을 때 꾸던 꿈을 이루지 못한 회한
이제 다시 그 꿈을 이을 수 있을까?

내훈

가슴 한 켠 간절히
이루고 싶은 소망
후손들에게 올바르게 살아가라는
작은 지침서.
궁에서 쓴 소혜왕후 내훈,
이황 선생의 언행록,
송시열 선생의 계녀서,
자녀교육에 탁월했던 신사임당,
닮고 싶은 그분들을 본받으며
자손대대 바르게 산다면
그 어떤 수확이 이보다 더 크랴.
낮지만 사랑 가득한
금전빌딩 황실침구에서
매일 행복한 꿈을 꾼다.
작은 지침서, 내훈의 깊은 뜻 새겨
맑은 정신세계 바른생활로
너울너울 춤추는 행복.

큰 빛이 되거라

감동이었다.
어떤 말로도 형용할 수 없는 벅차오름,
하늘이 이처럼 가슴 뛰게 할까?
바다가 이처럼 감동이 깊을까?
내가 소원하던 것
소름이 돋는다.
믿기지 않는 감동, 폐부 속까지 흔들린다.
아들아, 딸아!
부모 마음은 이런 거란다.
내훈 속에 바른 참 길이 있으니
밝은 근본 세워
집안에 두고두고 읽으며
가슴에 새겨 큰 빛이 되거라.

* 내훈집 『가화만사성』 책이 나오던 날 너무 감격스러워 책을 안고, 보고 또 보고….

3부

선 위의 선

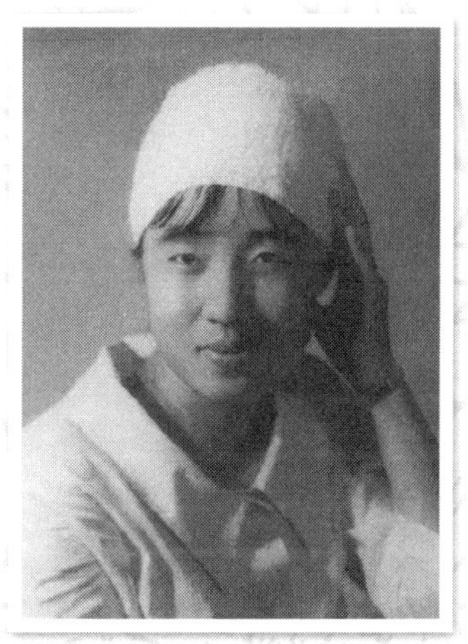

열정

깊은 어둠 속에서도
빛이 보입니다.
그 빛을 따라
한 발자국 한 발자국
흔적들을 남깁니다.

손 편지

신학기를 맞는 봄날에
손자, 손녀에게 손 편지를 띄운다.

추억과 낭만이 서려있는
마음을 전하고 싶어
연례행사처럼 편지를 쓴다.

"긴장과 들뜬 기분, 새 친구들,
새 선생님과 환희를 맛보라."

할머니 손 편지가 내 아이들의
가슴에 작은 물결을 이룰까?
즐거운 추억이 될까?

어릴 적 나의 집 1

포플러 나뭇잎 흔들리는 소리
현악기 소리가 되어 귀에 맴돈다.
키만큼 자란 넓은 토란잎은
우산이 되었고
뒷마당 대문
온통 붉게 물들였고
주렁주렁 매달린 수세미
예쁜 오렌지색 여주는 온 동네에
행복을 선물했다.
내 고향 우리 집은
자연이 선물해준 시(詩)였다.

어릴 적 나의 집 2

넓은 마당 빙 늘어선 포플러 나무
장성하면 순서대로 성냥 공장에
팔려나가고
한구석에 우물과 펌프가 있었다.
해질녘이면 동네 우물이었다.
키 큰 나무 위에 비둘기가
지상의 닭과 오리보다 더 많았다.
이른 새벽 밭고랑 짓뭉개는
땅두더쥐, 그 추억을 어찌 잊을까
부모님의 무겁던 삶,
못나 보이도록 야속했던 내 어머니의
가슴앓이, 모른 체 온통 유년 시절에
높은 꿈을 가득 안고 우러렀다.
그때 고향의 그 꿈을
나는 지금도 소스라치며 꾸고 있다.

효자문

오랜 세월 견디느라
힘들었겠구나.
효의 근본이 쉽지 않기에
힘든 만큼
채색도
많이 바랬구나.
집안의 자랑 효자문,
보여지는 자랑보다
효의 근본,
마음 자세가 소중한 것을.
오늘 부는 좋은 바람
서당골 효바람
훈풍이 온 마을을 감싸네.

* 옥천 서래리 효자문

커피 한 잔

믹스커피를 종이컵 속에
쏟아 붓고
정수기 물을 붓는다.
그윽한 커피향이
내 마음을 설레게 한다.
따뜻한 난로 가에 앉아
커피 맛의 실체를 음미한다.
금박이 컵이 아니면 어떠랴,
지금 이 맛이면 된다.
소박한 종이컵 안에서
퍼져 나오는 은은한 향기
이만한 매혹이면 흡족하다.

소망

불꽃처럼 살다 가고 싶은
한 여인의
못다 이룬 꿈이 있다.
“베풀지 못함 후회 말고
내 모든 것 드리고 가리다.”
추기경님의 말씀처럼
보잘 것 없는 몸일지라도
아직 살아야 할 인연이 있다면
내 장기 일부라도 떼어
그 분에게 드리고 싶다.
내 못다 핀 열정을 받아
꽃피워 주기를
세상의 빛이 되기를 기도하오니
마지막 가는 자
불쌍하게 생각하지 말고
당당하게 세상의 빛이 되라.

* 김수한 추기경님의 선종을 보며….

섬진강 사월

햇볕 맑은 섬진강 가
반짝이는 물결 보니

가슴이 터질 것 같다
그 물결에 취해 본다.

꽃나라
환한 길목에
마음 또한 서성이리.

* 단시조 형식.

친구, 고맙네

이 따뜻한 봄날
그대의 편지 한 통이
전율을 느낄 만큼
감동을 주었다네.
작은 책 한 권의 수확이
전화로 대신 할 수 없어
펜을 들었다니
받는 순간 그 감동을
어떻게 잊을까.
친구야, 기억할게.
나의 친구가 되고
나의 스승이 되고
나에게 감동이 되는
친구의 편지 가슴에 품고
화창한 봄날
희망의 시인이 되겠네.

선 위의 선

새해 아침
새 수첩에 곧게 선 하나를 긋는다.
도약과 각오
절제하며 넘지 말아야 할 경계선,
목표 앞에
다가서지 못할지도 모를 한계선,
고뇌와 열정 사이
절망할지도 모를 수직선,
그 어느 것도 끝없이
그어진 선 위에서 한가하지는 않다.
날선 줄 위에
또 한 해의 줄타기를 시작한다.

대웅전 인등

미친 듯이 펄럭이며 행여
꺼질세라 혼줄 놓게 하는
인등
내 부모를 뵈옵듯
내 자식을 만나듯
지금 고찰 안에서
조용히 맞는다.
애통함에 젖어 울기도 하고
깊은 상념에 젖어
고개 숙인다.
아— 그러나 부질없음이다.
미동도 하지 않는 작은
호롱불이
당신을 지켜줄 수 있을까.

* 연등(燃燈, 蓮燈)이 아니고, 인등(引燈)이다.

벚꽃

철 몰라 이른 벚꽃
꽃샘추위에 안쓰럽고

느긋이 피는 벚꽃
그 자태 황홀해라.

현란한 춤사위로
누굴 찾아 유혹하나.

그리스의 여신인가
너울대는 그 자태.

긴 터널

외롭고 고독했었다.
온 세상의 슬픔은
모두 내 것처럼 보였다.
긴 나락으로 한없이
빨려들던 날이 있었다.
오랜 시간이 지나자
미쳐버릴 것 같았던
긴 터널의 시간은
행복의 밑천이었다.

영산홍

어느새 피었구나
앞 베란다 영산홍

머리 위에 빨래 널며
무관심해 미안하다.

시간의 뒤 켠에 서서
몰래 피는 영산홍.

* 단시조 형식.

빨간 장미

우연은 아니지만
가슴 뛰는 설레임

아침이슬 싱그러워
농염한 저 흔들림

가슴이
확 터질까봐
사랑고백 서두나.

* 단시조 형식.

민들레

노란 꽃 모두 잊고
훨—훨훨 날아라.

가볍게 마음 접고
멀리멀리 날아라.

포장길 틈바구니에서
목숨 구한 우모(羽毛)여.

옴짝달싹 못했지만
꿈만은 오롯했다.

잎부터 꽃잎까지
사랑으로 지켜냈다.

떠나면 다시 못 올 길
홀씨 안고 날아라.

* 2연 시조 형식.

일터

미래는 모르지만
오늘은 행복하다.

신혼부부 잘 살라고
어르신들 건강하시라고

웃음꽃
희망의 메시지
우리 일터 꽃이 핀다.

* 단시조 형식.

전화기 앞에서

처음 겪는 큰 슬픔
대책 없이 맞았다.
하루하루 만나는
많은 사람 반갑지만
큰 슬픔 함께 나눌 이
두 손 안에 꼽힌다.

고향 같은 그런 친구
말로만 천군만마.
진정한 친구 한 명
어디 가서 찾아볼까.
한없이 작아지는 나,
뉘우친들 무엇 하랴.

* 2연시조 형식.

그냥 그렇게

눈을 뜨면 잊었다가
눈 감으면 그립다.

노을 지는 오솔길을
어제처럼 걷고 싶다.

깜깜한
밤하늘에서
은하수를 찾는다.

* 단시조 형식.

첫사랑

첫눈이 아니어도
둔한 감정 알지 못했네.
두꺼운 잠바 속
그의 큰손이 따뜻한 난로 되어
차가운 내 손 녹여줄 때
두려움과 부끄러움,
생각해보니
그것이 바로 지나간
첫사랑이었네.
아쉬운 그 작별이 없었더라면
너와 나
지금까지 행복했을까?

사월의 어린 꽃

기다리란 어른 말 믿고
천길 아래 나락으로 떨어진다.
그 누가 붙잡아줄까?
세월호 서러운 꽃
미안함, 죄스러움
어떤 말로도 용서받지 못할
피지 못하고
꺾여진 어린 꽃의 그림자들이여.
어찌해야
그들의 어린 넋이 위로를 받을까?
'제발 살아만 있어 다오!'
천길 벼랑 끝에서 흔들리는
어리석은 기도.

* 2014년 4월 16일 오전 8시 50분 진도 앞바다 세월호 사건. 안산시 단원고 학생 300여 명 실종, 내지는 사망.

식장산

이렇게 아름다울 수가 있을까?
내 가까이 있는 물과 고목,
바람 불어 적당히 시원한 곳
내 마음속에서 너는
왜 그리도 멀었더란 말이냐!

내 마음 산등성이를 타고
뭉게구름이 되었다가
신선이 되었다가
내 너를 위해 비가 되고
눈이 되고
바람 되어 지켜주고 싶은 산아!

지리산에 부는 바람

빨치산, 너를 죽이지 않으면, 내가 살지 못할 절박함에서 너에게 총을 겨누었다. 피가 번지던 지리산, 한 맺힌 사연, 토벌군과 빨치산의 피 튀는 현장, 목숨 줄 같은 바람, 누구의 편도 아니었던 지리산, 모든 사람에게 안기기도 하고, 스쳐가는 인연을 만들던 지리산, 그냥 지나치기엔 너무 많은 이야기가 뿌리를 내렸다.

세월이 지나도
가늠할 수 없는
바람
한줄기 추억처럼
그냥 여기 서 있다.

* 앞에 산문시 형식을 취하였음.

계절의 그루터기

삼백육십오일
제 빛깔로
사람마음 붙들어 놓고

서러운 이슬로 맺혀
내 마음 흔드는
그리움 한소끔.

12월 첫날에

달랑 한 장 남은 달력
긴 기다림의 시작
막달이라고
말하고 싶지 않음은
그에게 조금은 안주하고 싶은
기댐이 아니던가.
불타는 듯한
진한 단풍,
신의 섭리인 듯 생명줄 놓는
생과 사의 사잇길,
예상치 못한
11월의 하늘을 가슴에 안고
추운 겨울 맞을
전주곡의 하모니를 만난다.

4부

詩 사랑 마중녀들

함께 모인 시사랑 마중녀들
인연을 소중하게 생각하며 이곳에 모았습니다.

성스러운 빛

세찬 바람이 너무 심하게 불어
행여 비가 내릴까봐 바라본 하늘
숨이 멎을 듯한 하늘의 광경
입안에서 저절로 탄성이 터져 나왔다.
뭉게구름 사이로 어렴풋이 보이는
하늘로 가는 문
작은 구멍을 통해 물가로 쫙 비친다.
성서에서나 봄직한 그 빛이
오늘 눈앞에 찬란하게 나타났다.

말문이 막히고
글문이 닫히고
오직 눈으로 다시 재확인하며
하늘을 쳐다보고 또 쳐다본다.
천상에서 물 위로 내리비치는 그 빛
그 감동 어찌 다 표현할 수 있을까
가슴이 멎은 듯 그저 멍하다.
들킬까 없어질까

탄성과 감동으로 다가온
하느님의 오묘한 그 빛이여!

* 《詩 사랑 마중녀들》 2014년 창간호

어머니

내 어머니 뵙고 오는 날
갈마동 고갯길 넘어오며
어머님의 삶도 이 고갯길 같았으리.
생이 버거워 숨이 헉헉거릴 때
누가 어머니를 부축했더라면
지금 이토록 부서지지 않았을 걸
왜 여태 그 생각 못했을까?
알고도 뻔뻔하게 방치한 자식들
당신 앞에 모두 죄인입니다.

이제라도 죄를 토하듯 말 하리까,
감히 상처받은 어머니의 삶을
아지랑이 피어오른 둑가에서
싱건이 뜯어 먹으며 엄마 기다렸던
철없었던 그 때 그리워라.
이제라도 엄마께 투정부려 볼까,
함께 따뜻한 밥 한끼 먹어 볼까,
어머니 뒤늦은 용서를 구합니다.

부족한 당신 자식들
풍족한 삶 꾸리게 하시려고
당신은 이렇게 스러지는 삶을 사셨습니다.
내 가슴의 눈물 이제 어디다 뿌릴까요.
사랑합니다.
감사합니다.
건강하게 오래오래 사세요. 어머니
내 어머니는 정말 훌륭하게 사셨습니다.
어머니, 감사합니다.

* 《詩 사랑 마중녀들》 2014년 창간호

사유의 공간

하늘이 열리는 새벽시간
유등천을 내달리며
노래와 구령에 맞춰
뛰고 또 뛰어본다.
아무도 말릴 수 없는
내 사유의 공간에서
끓어오르는 열정을
욕망의 원고지에 가득 채우고 싶다.
폭풍우와 빙하로 덮인
참담했던 나의 인생
신사임당을 꿈꾸며
누르고 참으며 뛰었다.

추앙받진 못해도
바르게 살아가며
나이 듦의 여유를
글로 뿜어내고 싶다.
왔노라.
보았노라.
쓰겠노라.

아름다운 이 도전,
분출구에 고인 이 행복감,
이태백과 지금 겨룬다 해도
결코 뒤질 순 없으리라.

* 《詩 사랑 마중녀들》 2014년 창간호

내훈

나의 가슴 한 켠엔 간절히 이루고 싶은
소망나무 하나 곧게 크고 있다.
내 가문 박씨 후손들에게
올바르게 살아가라는 작은 지침 하나
어려서부터 유난히 닮고 싶었던 한 사람
누구보다 글과 그림을 좋아하고
자녀교육에 탁월했던 현모양처
내가 흠모했던 그 이름 신사임당.

소혜왕후가 쓴 궁의 내훈
이황선생의 언행록을 보며
내 자손 대대손손 그걸 본받으며 바르게 산다면
그 어떤 수확이 이보다 더 크랴.
높은 빌딩 대기업은 물려줄 수 없어도
낮지만 사랑 가득 찬 금전 빌딩 내 황실 침구
난 이곳에서 날마다 행복한 꿈을 꾼다.
벚꽃 온 사방에 뒤덮여 너울너울 춤추는 이 행복마당
난 이곳에서 또 하나 작은 꿈을 꾸고 있다.

결코 돈으로 살 수 없는 행복을 나누며
실습과 자격을 겸비한 고급 인력 배출의 집
사랑 가득 찬 현장 실습장이고 싶다.

* 《詩 사랑 마중녀들》 2014년 창간호

웃음꽃

내가 좋아하는 웃음꽃
방실방실 아기꽃
희망에 찬 엄마꽃
하회탈 웃음 넘치는 할배꽃
풍류와 인정 넘치는 웃음꽃이 좋다.
그 언제였던가?
사위가 발견한 장인의 웃음
백만 불을 주고도 살 수 없는 꽃
세상이 밝아 보이고
야경도 멋있었던 건 웃음꽃 때문이리.

세상 좋아졌다.
내 가슴이 넓어졌다.
내 마음이 행복했다.
펜과 종이가 내 손안에 있는 한
울타리 넘는 웃음꽃 피게 하리.
내 가슴 넘치게 핀 웃음꽃
누가 그 꽃을 싫어하랴.

가슴을 늘 감사로 물들이고
무지개 행복 함께 펴 올리는
우리 모두 가슴마다 밝게 피는 웃음꽃.

* 《詩 사랑 마중녀들》 2014년 창간호

봄바람이 불면

유난히 추위를 많이 타는 나는
봄바람만 불어도 신바람이 난다.
두껍고 칙칙한 옷을 벗어 제치고
상큼한 봄나물 향 감도는
칼라풀한 원피스에 눈길이 머문다.
내가 유독 좋아하는 노란 원피스
내 기분을 업 시켜주는 빨강 원피스
물빛처럼 청아한 파랑 원피스
살랑살랑 바람에 휘날리는 벚꽃 원피스
봄바람이 불면 내 마음도 살랑거린다.

봄바람이 불어오면
내 가슴 속 잠자던 프로그램도
살며시 고개를 든다.
황실패밀리를 위한 내훈 작업
내 혼신을 다한 역작을 만들고 싶다.
가문의 획기적 기록을
저서로 꼭 남기리라.

박씨가의 며느리로, 어머니로, 아내로, 할머니로
그렇게 살다갈 나의 흔적 가족 대업을
봄과 함께 꼭 이루어 내리라.

* 《詩 사랑 마중녀들》 2014년 창간호

그리운 내 아버지

어릴 적 내 아버지
가끔씩 너무도 그립습니다.
어찌 그리도 어머니를
힘들게 하셨던가,
시대적으로 모두가 어려웠지만
허영심 많고 멋진 아버지이셨습니다.

눈오는 날 고속버스가 위험하다고
기차를 타야겠다고 하시던 아버지
그러나 그 해 겨울을 견디지 못하고
돌아올 수 없는 나라의 차표를 사셨습니다.
지금은 원망을 뛰어넘어
너무도 그리운 나의 아버지,
지금 보기에도 아까운 이 행복을
당신께 죄다 보여드리고 싶습니다.

올 가을 들어 새삼
밀려오는 아픈 추억이 아름답습니다.
동네에서 인심 좋기로 정평이 나시고

정월대보름이면 우리 꽃마당에서 잔치가 벌어졌습니다.
아버지의 안락한 품속에서 춤추고 싶습니다.
오 그리운 내 아버지.

* 《詩 사랑 마중녀들》 2014년 창간호

내가 좋아하는 국화꽃

어릴 때 내가 유난히 좋아했던
노오란 국화꽃
엄마가 되어서도 그 맘 변치 않아
내 아이들에게도 자주 입혔던
노오란 색 티셔츠
국모였던 육영수 여사가
안타깝게 서거하셨을 때
식장이 온통 국화꽃으로 뒤덮여
울분 대신 노란색 평화로움이
슬픔에 쌓인 나를 압도해버렸다.

내가 이 세상 하직 하는 날
나도 생에 의미 있는 큰 점 하나 남겨
저렇게 샛노란 국화꽃에 휩싸여
마치 축제의 마지막 주인공처럼
잔치하는 기분으로 떠나가고 싶다.
백만 송이 장미보다
신부의 화려한 부케보다

내 마음 송두리째 흔들어 놓는
노오란 국화꽃 물결
애틋함으로 항상 내 곁에 머문다.

* 《詩 사랑 마중녀들》 2014년 창간호

황실패밀리

사랑하는 내 가족과 함께 해온
의미있는 가족 야유회
해마다 7월이면 가슴이 뛰고
어느새 다섯 번의 막이 올랐다.
오래오래 가족의 역사가 되고
추억으로 남을 모임을 위해
온몸을 던져 애썼던 기억,
시간 없는 틈틈이 짠 내 아이디어,
가족들에게 생을 살아가는 가치와
황실 가족의 존재감이
멋지게 물들었으리라.

미치도록 사랑하고픈 내 가족
부모는 시간이 흘러가도
자식의 거울로 살아야 한다.
자식들과의 관계는
있어야 할 그 자리에 꼭 있어야만 한다.
해를 거듭할수록
더욱 빛나는 가족 모임,

가족 간의 끈끈한 유대강화로
더욱 우애 돈독한 황실패밀리.

* 《詩 사랑 마중녀들》 2014년 창간호

내 글밭의 보석들

나 이 세상 무엇으로 살았던가?
이제와 곰곰이 생각해 보니
나의 가족과 내 정신력이 모두였다.
내가 스러지지 않았기에
오늘이 있었으며
내 정신력과 의지력이 재산이었다.
친정어머니의 '참을 인(忍)자' 가르침
그게 없었더라면
사랑하는 가족과 이별도 여러 번 있었으리라.

정신적 지주이신 내 어머니
그분의 말씀은 내게 가시밭길이었고,
또 희망의 등불이었다.
견디기 힘들었던 모진 세월들
나 이젠 글로 말할 수 있다.
지금은 어느 누구보다 행복하다고
구십이 넘으신 내 어머니
생에 마지막 정신적 지주이신 당신
그 사랑, 그리움, 원망은 내 글밭의 보석들이다.

세상의 빛이고 싶다.
이 세상에서 가장 값진 보물이 무얼까?
두 말할 필요조차 없는 자신이다.
내가 있기에 세상이 존재하고
내가 있기에 내 가족 또한 존재한다.
생애에 이보다 값진 일이 또 무엇이랴.
가감 없이 내 가족과 가문을 들고 싶다.
그걸 위해서라면
나마저 기꺼이 바치리라.
자신은 필수 불가결의 존재
나 없는 세상은 존재 가치조차 없다.
이 세상에 하나밖에 없는 '유일무이'의 존재
난 누가 뭐래도 광명 세상의 빛이고 싶다.

* 《詩 사랑 마중녀들》 2014년 창간호

계영기원 여이동사

상도를 지키며
거상이 되기까지
얼마나 외로웠을까?
가득 채워 마시지 말며
너와 함께 죽으리.
황금만능주의에 경종을
울리는 계영기원
너와 함께 죽으리의
여이동사는
그 시대 상인들의 의리를
나타냄이었으리.
여덟 글자가 주는
거상의 멘트는
오늘도 그 의미가 대단하다.
상불! 임상옥!
나는 타임머신을 타고
지금
조선시대로 가고 있다.

추억은 아름다워

그냥 막연하게
목적 없이 벗어나고 싶다.
어려서 툇마루 앉아
어머니와 함께 했던 이무기 얘기,
콩쥐팥쥐 얘기,
옥루몽 얘기에
푹 빠져 들었다.
빨간 손 귀신 얘기가
시원한 바람과 함께 엄마 치마 속에
머리만 쳐 박는다. 그때
그 바람이 그리워
생각 없이 앉아 있다가
매년 찾아오는 두통
미래에 대한 두려움
새로운 인생 시발점을 찾으러
나, 여기 조용히 앉아있다.

선생님이라 부르리라

연암 박지원의 열녀 비문을 보다가
'시와 연애하라.'는 선생님의 강의를 듣고
뛰는 내 가슴 환희에 젖어
벌겋게 닳아 오르는 열정을 주체할 수 없었다.
내 가슴 빛으로 환히 열어주신 김숙자 선생님,
지친 가슴 치유하고 멘토링 해주신 선생님,
내가 살아갈 이유와 존재가치를 심어주셨다.

나이 차는 별로 없어도 몇 십 년 더 앞서서
나를 꿰뚫고 있는 듯한 느낌으로 에워싼
글을 통해 참 행복을 알게 해주신 선생님,
보잘 것 없는 내 글에 생명을 넣어주시고
글밭이 잘 자라도록 지줏대를 세워주어
튼실한 글 열매 맺도록 날 지탱해 주신 선생님,
글을 통한 나의 멘토이기에 더욱 소중하다.
내 마음 속 깊이 더 아끼고 우러러 보리라.

지혜로 가득 찬 문학의 숲 함께 헤쳐 나가리라.
당신을 든든한 나의 선생님이라 부르리라.

* 《詩 사랑 마중녀들》 2014년 창간호

가슴 속에 피어난 나의 야생화

내 가슴 속에 핀 돌팔이 야생화,
나도 몰래 끈질기게 피어나는 내 마음의 꽃,
어릴 적 울타리처럼 온 집안을 에워쌌다.
산들바람이 불어올 적이면
박하 향이 삼 칸 기와집에 가득 차
아름다운 천연향수가 되어 주었지.

내 가슴 속에 잠재되어 있는 끼,
마음속에 지지 않고 피는 끼를
누가 야생화라 아니하랴.
짓밟히고 짓눌리고 눌리다가
이제야 피어나는 나의 야생화,
매듭진 손 안에서 종이와 펜으로 꽃피우리라.
날마다 거듭나고 진화되는 과정 속에
활짝 피어날 나의 야생화
뭇 사람 가슴 속에 즐거움 가득 안겨 주리라.

* 《詩 사랑 마중녀들》 2014년 창간호

내 가족

가족은 내가 품어야 할 귀중품
내 힘과 사랑의 원동력이다.
곁에 있어도 보고 싶고
오늘 보고도 또 보고 싶다.
명품이 어디 따로 있으랴.
내 가족이 명품이요
갖고 가져도 또 갖고 싶은 내 가족
생에 버리지 못할 귀중한 애장품 아니던가.

나는 품으리라.
못나도 잘나도 어울림으로
내가 사는 그날까지
황실패밀리를 품으리라.
잠시 잠깐의 부보다
가문과 가족에 누가 되지 않는
지 · 덕 · 체 · 예를 겸비한
명품가족이 되기를 희망한다.

* 《詩 사랑 마중녀들》 2014년 창간호

보문산

가까이 있어 너무 좋고
내 마음 울적할 때면
금방 달려가 안기고 싶은 마음의 고향
막걸리 한 잔에
파전 한 접시 앞에 놓으면
세상이 모두 내 것인 양 품어준다.

갈 길 바빠 허둥대는 사람
세상 걱정 다 내려놓고 졸고 있는 사람
바람 앞에서 시 한 수 읊은 사람
자리 펴고 누운 사람
하고많은 군상들이
모두 내 먹잇감이로고

내 남편을 만나게 해주고
내 아이들이 자라났고
내가 일할 터전이 있고
지금의 나를 있게 해줌같이

우리 가족, 힘의 근원인
나 그대를 사모하리.

* 《詩 사랑 마중녀들》 2014년 창간호

작은 몸짓 하나가

하루가 버겁고
내 마음 짓눌릴 때
나는 불현듯 어디론가
길을 나선다.
쾌쾌 묵은 헌책방에 들러
쓸데없는 잡담도 쏟아보다
갖고 싶은 책을 발견했을 때의
말할 수 없는 그 기쁨,
생활이 버겁고 힘들 때
무작정 걸어도 보고
노래도 불러보고
괜시리 뛰어도 본다.

긍정적인 삶과
미래지향적 삶은
내 주위를 밝히고
살맛나게 하는 활력소
나는 지금 이대로가 너무 좋다
글에 심취한 내 모습,

짜릿한 행복감에 젖어
이 순간 도전의 열기로 취해 있다.

* 《詩 사랑 마중녀들》 2014년 창간호

고향 유정(有情)

어릴 때 내 뼈가 자란 고향은
아픈 기억이 더 많다.
맛있는 걸 아껴서 어머니께 드리려면
어느새 오라버니가 채뜨려 뺏어먹고
새하얀 쌀밥이 먹고 싶어
아버지 등 뒤에서 기다렸는데
텅 빈 밥그릇만 바라보며 한없이 울었던
그 가슴 아픈 기억이 먼저 얼굴을 내민다.

어린 시절 둘도 없는 내 짝꿍은
교육청의 장학사 손녀딸이었다.
친구 집의 품위있는 그 모습을 보며
나도 신사임당을 꿈꾸었다.
내 삶에 큰 영향을 준 어린 시절은
고대광실 높은 대문에서부터
내 꿈이 소리 없이 크고 있었다.

어려울 때 내 고향은
정말 좋은 기억이 없었다.
아들이 사법고시에 합격하고 나니

제일 먼저 남편 고향이 떠올랐다.
군수님이 오셔서 축하해 주시고
기쁠 때 함께 할 수 있어
진정 고맙고 좋은 건
조상의 얼이 서려있는 고향 옥천이었다.

* 《詩 사랑 마중녀들》 2014년 창간호

둥실둥실 보름달이 좋아라

그토록 무뚝뚝하던 남편도
추석 성묘길에서 만큼은
아이들에게 너무도 자상한 아빠가 된다.
어릴 적 아빠 추억담을 듣던 장성한 아들들
보기만 해도 더없이 고맙고 사랑스럽다.
보름달이 밝아올 무렵이면
송편과 찰밥을 먹어야한다고
힘드신 줄도 모르고 찹쌀 한 말씩이나
약밥을 쪄내셨던 어머니가
지금은 너무도 그립다.

송편을 만드실 때도
작고 예쁘게 만들어야
예쁜 애기 낳는다고 하셨는데
맘과 달리 잘 만들어지지 않아
혼이 났던 추석의 여운
그러나 지금은
세상이 너무 좋아져
음식 솜씨 좋지 않아도

가족 화기애애하여 보름달처럼
등실둥실 웃음 떠오르면 좋겠다.

* 《詩 사랑 마중녀들》 2014년 창간호

잊을 수 없는 선물

세상에서 무뚝뚝하기로
등위를 매기라면
아마도 한 방을 쓰고 있는
내 남편 금전이 단연 장원일 듯싶다.
그런 남편에게서 받은 첫 선물은
말하기조차 부끄러운 여자의 속옷이었다.
가을 사과처럼 달아올랐던 내 얼굴
지금까지 고맙단 인사도 못했지만
선물의 의미는 굳이 따져 무엇하리
아마도 행복한 구속이 숨겨 있었으리라.

받음보다 주는 것에 더 익숙해 있던
오랜 회한의 세월 속에
지금쯤 샴페인 한 잔이라도
기울일 만한 운치가 그리워지는 때
나 또한 세월이 변해 남편 앞에서
'오 내 사랑 목련화'를 불렀을 때
승리의 기쁨을 만끽이라도 하듯
그이 손에 샴페인석 반지가 끼워졌다.

그 감동 어찌 잊을 수 있으랴.
딸 내외가 명품을 선물하며
부모까지 품위 유지를 권유하지만
자식들이 주는 물질적 선물보다
그들이 불효하지 않도록
조건 없는 정신적 사랑을
부모는 실천으로 내줘야 한다.
죽는 날까지 부끄러운 부모로 살지 않으리.

* 《詩 사랑 마중녀들》 2014년 창간호

지리산 계곡

바람 소리 물 소리
숲과 나무 그리고 바위
어느 것 하나
그립지 않은 게 없구나.
바위에 걸터앉아
멍하니 나무만 바라봐도
자연을 함께 품고 있어
너무도 좋았던 하루.

남원에 들러
춘향이와 이 도령의
지고지순한 사랑이야기에
타임머신을 타고 있다.
벚꽃 휘날리는 어느 봄날
섬진강가에서
나도 드레스와 턱시도를 입고
그대와 왈츠를 추고 싶다.

* 《詩 사랑 마중녀들》 2014년 창간호

내가 사랑하는 그 남자

아픈 곳 긁어주는 남자보다
멋진 파티를 아는 남자
톤 높은 아내 목소리에
박수갈채를 보내주는 사람이 나는 좋다.
내 꿈과는 동떨어져
죽을 때까지 통할 것 같지 않았던 그 사람
세월은 무딘 그이를
존경의 대상으로 변모시켜 놓았다.

의무적인 동행이 아닌
검은 머리 파뿌리 되어도
내 생의 큰 바위가 되어
나를 편히 걸터앉게 해준 그 사람
나도 그이를
지금보다 더 큰 사람으로
멋진 반석 위에 올려놓고 싶다.
부디 거절치 마시오. 내 사랑 당신.

* 《詩 사랑 마중녀들》 2014년 창간호

늦깎이 시인

열정은 무엇하랴.
그 열정 하나로
시어(詩語) 하나 낚기 위해
날밤을 새워도
맛깔 나는
시 한 줄 얻지 못하는데.

늙음을 탓하랴.
에라, 오늘 밤은
황희 정승 만나 뵙고
당신의 지혜로움이라도
몽땅 달래야지.
엎드려 졸라봐야지.

시인의 마음

글은 마음의 양식이라 했다.
먹고 또 먹으면
배부른 시인이 될 수 있을까?
마음속 암흑의 그림자 걷히고
맑은 글,
아름다운 노래가 쏟아질까?

솜이불

나의 품에 안겨 그대 행복하다면, 온 마음 다하여 포근한 교감 느끼게 해줄게요. 내 안에 질풍 같은 폭풍, 크고 작은 송사, 귀 막고 눈 감아 매운 시집살이 지켜내는 새색시처럼 눈물로 지샌 숱한 밤, 그대 위해 이 한 몸 따스한 온기 차곡차곡 쌓았다가 그대 행복 위에 멈추지 않는 사랑 고이고이 넣으렵니다.

- 시집 해설
- 마감글
- 묘비명

시집 해설

열정적인 삶과 오롯한 정서
— 신경자 시인의 시 세계

문학평론가 리 헌 석
사단법인 문학사랑협의회 이사장

1.

2017년에 고희를 맞은 신경자 시인은 아직도 청춘이다. 삶의 지표를 지키려는 구심력(求心力)과 새로운 세계를 찾는 원심력(遠心力)의 소유자이기 때문이다. 사업 번창과 자녀 교육이라는 두 축을 근간으로 후회 없이 살아온 시인이었지만, 회갑(2008)을 지나면서 자신의 삶에 대한 새로운 화두에 몰두한다. '나는 무엇인가?' '무엇을 어떻게 하는 것이 가치로운 삶인가?' 이러한 내면의 원심력은 그로 하여금 새로운 분야에 도전하게 한다. 생업에 성심을 다하면서, 자신의 남은 생을 아름답게 가꾸고자 한다.

그는 첫 단계로 마라톤에 도전한다. 그의 나이 64세가 되던 2011년부터 10km를 목표로 새벽 달리기를 실천한다. 처음에는 가부장적 부군의 눈치를 보느라, 병원에 입원해 계시는 친정어머니 아침 문안

인사로 둘러대었지만, '대청호 마라톤' 10km를 완주하여 '완주 메달'을 받은 다음부터는 공개적으로 아침 운동에 나선다.

> 기쁠 때 막 뜁니다.
> 외로울 때도 막 뜁니다.
> 그렇지 않을 때도 막 뜁니다.
> 바쁠 땐 더욱
> 뜁니다.
> 생활이 되어버린 뜀박질
>
> ―「쉬엄쉬엄」 일부

시인은 달리기를 '뜀박질'이라고 한다. 작품 「원초적 뛰박질」에서 〈기분 좋은 날이면 뛰었다./ 어려서부터 무턱대고〉 뛰었다고 한다. 〈때론 아버지께 회초리 맞지 않으려고/ 무조건 뛰고 또 뛰었다.〉고 한다. 〈젊어선 생활이 바빠서 뛰었다.〉 〈남편의 잔소리도 나를 뛰게 하였다.〉 〈이젠 뛰는 생활을 뛰어넘어/ 건강을 위해 달린다.〉며 평생 뛰는 것을 운명으로 수용한다.

그는 마라톤을 하며 스릴과 긴장을 즐기는 것 같다. 〈군중 속에 내가 있다./ 생각만 해도 가슴이 뛴다./ 미치도록 희열을 느낀다./ 행복감과 긴장감이 팽팽하다.〉 가을에 개최하는 '대청호 마라톤'을 준비하며 흘리는 여름의 땀을 보람되게 인식한다. 마라톤은 그에게 씌워진 삶의 터널에서 벗어나려는 제의(祭儀)로 승화한다. 〈외롭고 고독했었다./ 온 세상의 슬픔은/ 모두 내 것처럼 보였다./ 긴 나락으로 한없이/ 빨려들던 날이 있었다./ 오랜 시간이 지나자/ 미쳐버릴 것 같았던/ 긴 터널〉을 마라톤 완주로 극복한다.

신경자 시인은 67세 되던 2014년에 새로운 세계로 발돋움하려는 원심력이 발동한다. 자신의 삶과 지향(指向)을 글로 남기려는 것이다. 그리하여 세이백화점에서 개설한 문예창작의 문을 두드렸고, 김숙자 시인을 만나 창작의 첫걸음을 내딛는다. 1년간 성심을 다한 노력 끝에 문학전문지 『문학사랑』에 작품을 응모하여, 제92회 신인작품상(2014년 겨울호)을 수상하여 등단한다. 창작에 대한 자긍심으로 문학적 감동을 생성(生成)하는데 성공한다.

추앙받진 못해도
바르게 살아가며
나이 듦의 여유를
글로 뿜어내고 싶다.
왔노라.
보았노라.
쓰겠노라.
아름다운 이 도전,
분출구에 고인 이 행복감,

—「사유의 공간」 일부

그의 창작 의식이 작품으로 승화되어 있다. 그는 작품 창작을 통해, 바르게 선비정신을 지키며 살아가고자 한다. 또한 삶의 우여곡절(迂餘曲折)만큼 다양한 경험을 되살려 '나이 듦의 여유'에서 비롯된 서정을 글로 빚어내고자 한다. 그는 늦게 시작한 문학 창작의 길이기에 뜨거운 열정으로 시를 빚는다. 2017년 여름까지 3년간 빚은 작품이 200여 편이나 되고, 문예지에 발표한 작품도 자타가 놀랄 만한 분

량이다. 등단 3년 동안에 『충청예술문화』에 1편, 『문학사랑』에 12편, 『대전문학』에 3편, 『대전동구문학』에 3편, 『시사랑 마중녀들』에 23편을 발표한 작품량은 경이로울 정도이다.

그의 〈왔노라./ 보았노라./ 쓰겠노라.〉는 율리우스 카이사르의 말을 변형하여 차용(借用)한 것이다. 카이사르가 소아시아를 정복하고 남긴 〈"왔노라, 보았노라, 이겼노라!(Veni, Vidi, Vinici)〉를 차용한 사실적 고백이다. 글공부를 하는 곳에 '왔노라', 선배들이 창작한 훌륭한 작품들을 '보았노라', 그리하여 자신도 이와 같이 좋은 작품을 '쓰겠노라' 스스로 다짐한 것으로 보인다. 이러한 자기암시(自己暗示)는 좋은 작품을 쓰는데 아주 유용한 주술(呪術)로 작용한다. 역사에 남을 작품을 남기겠다는 의지의 소산이기도 하다.

이러한 소망으로 그는 첫 시집 『계절의 그루터기』를 발간하고자 한다. 〈삼백육십오일/ 제 빛깔로/ 사람마음〉을 붙들어 놓는 작품, 〈내 마음 흔드는/ 그리움 한소끔.〉을 감상하는 여로(旅路)에 나선다.

2.

신경자 시인은 자신의 정신적 멘토가 '친정어머니'라고 밝히는데 주저하지 않는다. 어머니는 시집살이의 고통을 겪으면서도 평상심을 잃지 않았던 분이고, 가정의 주부로 사셨지만 나라를 걱정하는 우국지사(憂國之士)의 면모를 갖춘 분이다. 어머니는 평소에 〈굶어 죽어도 내 나라가 좋다.〉 〈빌어먹어도 내 나라에서 빌어먹는다.〉 〈50년 후 일본이 독도를 건들 것이다. 미리 대비를 해야 한다.〉 나라 걱정을 하신 분이다. 노스트라다무스가 예언하기를 〈머지않아 일본이 가라앉는다.〉고 하였는데, 그 때가 되기 전에 일본이 우리나라로 건너올 것이라고 경계하신 분이다.

그는 어머니의 말씀을 귀담아 들었는데, 오늘의 국제 정세가 어머니의 말씀대로 진행되는 것을 보면서 선지자적 예지에 감탄한다. 해마다 일본 국토가 바다 속으로 가라앉고 있다는 기사를 통해, 그리고 일본이 교과서에서 독도를 저희 국토에 편입시킨다는 방송을 시청할 때, 시인은 떠나신 어머니를 그리워한다.

> 나라 없는 설움이 제일이니,
> 빌어먹어도
> 내 나라가 있어 좋으리니,
> 떠나지 마라.
> 언제부터인지 멘토가 되시던
> 어머님이
> 저 멀리 하늘나라로 가셨다.
>
> —「사모곡(思母曲)」 전문

시인은 꽤 오랜 기간 어머니를 모시고 살았던 것 같다. 고향인 대전광역시 서구 '흑석리'에서 사시던 어머니의 몸이 불편하게 되자 자신의 집으로 모신다. 시인은 어머니를 모시면서도 마음이 편하지 못하다. 〈딸집에 있어/ 두 다리 못 뻗고/ 주무신다던 어머니〉의 말씀이 새삼스러웠기 때문이다. 그러면서도 〈집안에 큰소리 나면 재수 없다고/ 조용히 참고 살라〉고 삶의 지침을 주시던 어머니가 이제는 그리워할 뿐이다.

어머니에 대한 눈물겨운 정서에 비하면 아버지에 대한 정서는 모호하다. 어린 시절에 그는 〈보리쌀 한 가운데/ 흰쌀 넣어/ 정성스레 담겨졌던 / 아버지의 밥 한 그릇〉을 보며 침을 삼키었던 내면을 밝힌다. 이와 함께 〈아득히 먼 기억이 된/ 무섭기만 했던 아버지가〉 새삼 그립다고 추억한다. 어린 시절에는 〈어찌 그리도 어머니를/ 힘들게 하셨던가.〉 아버지를 이해하지 못하였으면서도, 고희에 이른 시인은 그 아버지마저 그리움의 대상이다. 그러나 서정의 중심은 언제나 어머니에 머물러 있다.

석양의 노란 하늘빛
"걱정 마. 넌, 해낼 수 있어."
어머님 말씀을 들었다.

"귀신도 너 못 이겨!"
신념으로 위기를 극복하라시던
그 말씀.

"견디며 해내는 기쁨을
어디에 비하겠니?"
환한 웃음.

이승은 애끓는 그리움으로
가슴 찢어지는 듯 아파도
밥도 잘 먹고, 잠도 잘 잡니다.

웃고 떠들다가도 문득, 어머니,
당신의 빈자리가

너무 큽니다.

—「어머니 1」 전문

딸이 힘들어 할 때 어머니가 들려주신 말씀이 〈"걱정 마. 넌, 해낼 수 있어."〉라는 격려였다. 그래도 불안해하는 딸에게 〈"귀신도 너 못 이겨!"〉 다시금 힘을 북돋워 주셨다. 성심을 다하여 일하는 모습을 보면서 〈"견디며 해내는 기쁨을/ 어디에 비하겠니?"〉 손으로 등을 두드려주셨다. 그에게 삶의 등대였던 어머니의 소천은 가슴 찢어지는 일이었을 터, 그래도 살아 있는 사람들은 밥도 잘 먹고 잠도 잘 자며 이승의 생활에 젖어 산다. 자신도 그런 생활을 하다가 문득 어머니의 빈자리가 너무 커서, 〈애끓는 그리움〉에 젖는다.

소천하신 어머니를 그리워하는 것도 '망극(罔極)한 일'이지만, 시인의 동생이 갑자기 세상을 떠났을 때 자신과 어머니가 겪었을 내면의 고통 역시 헤아리기 힘들었을 터이다. 어머니와 동생의 소천에 가슴 먹먹하였을 시인의 내면 역시 절통한 감동을 생성한다.

그립다, 보고 싶다!
추억은 환상 속의 삶이다.
아픈 가슴 미처 못 나누고
내 몸 가누기에 바빴던 세월을 건너
미치도록 보고 싶다.
태풍이 치면 좋으련만 ,
회색구름이 작은 가슴을 더 짓누른다.
저 구름 따라 가면 만나려나,
꽃 한 송이 들고 따라가면 웃으려나,

삶의 가면을 벗는다.
"진정 사랑하였다.
내 죽는 날까지 너 그리며 살리라."
홀연히 떠난 그 가을,
몇 번의 가을이 가야만 만날 수 있을까.
찢어지는 그리움을
예고 없는 소낙비에 적시며
너의 환영을 가슴에 담는다.

—「그리움」 전문

동생의 급서(急逝)에 띄우는 시인의 연서(戀書)다. 동생과 함께 살던 추억은 이제 추억 속에만 존재한다. 동생의 아픈 가슴을 함께 나누지 못한 회한에 시인은 미칠 것처럼 후회한다. 때때로 보였던 삶의 가면을 벗으며 〈"진정 사랑하였다./ 내 죽는 날까지 너 그리며 살리라."〉 약속한다. 가슴이 무너질 만큼 아프고 그리운 동생, 〈몇 번의 가을이 가야만 만날 수 있을까.〉 헤아리지만 〈찢어지는 그리움〉만 남아 있을 뿐이다.

이와 같은 아픔과 그리움은 세상의 무엇으로도 차감(差減)되지 않는다. 우리 옛말에 〈부모가 돌아가시면 산에 묻고, 자식이 죽으면 부모의 가슴에 묻는다.〉는 말처럼, 동생의 죽음 역시 어머니의 슬픔과 동질성을 띤다. 어쩌면 동생의 죽음에 애상하셨을 어머니의 울음을 대신 울어주는 곡비(哭婢)의 심정이 아니었을까 싶다.

3.

신경자 시인은 사업의 번창으로 생활이 안정됨에 따라, 조상의 자취를 통한 '뿌리 찾기'에 나선다. 효를 삶의 근본으로 삼고 '가화만사성'을 삶의 지표로 제시한다. 이를 실천하기 위해 평소 내면에 간직하고 있던 지론(持論)을 집성(集成)하여 저서 『가화만사성(家和萬事成)』을 발간한다. 이러한 일은 보수적 시각의 남성들도 감히 엄두를 낼 수 없는 일이지만, 그는 도전하였고, 멋있게 성공해 낸다.

그는 함양 박씨 29세 손(孫)인 남편 박영우로 하여금, 문중의 일원으로 큰 역할을 맡게 한다. 중시조로부터 대대로 시제를 지내는 함양의 '영명제'가 있다. 그곳의 '유원문' 앞에 두 그루의 상서로운 나무를 식재하기로 하였다. 그 자리의 문중들이 돌아올 책임을 예감하며 머뭇거릴 때, 박영우가 선뜻 나서 '영원히 산다는 주목'을 식재한다. 후손들이 '영명제'를 찾을 때마다 아버지 혹은 할아버지가 기념식수한 석비(石碑)를 보고 자긍심을 갖게 하는 의미가 있다. 이어 남편 박영우의 고향인 충청북도 옥천군 옥천읍 서대리에 있는 효자문을 가족의 품으로 끌어들인다.

오랜 세월 견디느라
힘들었겠구나.
효의 근본이 쉽지 않기에
힘든 만큼
채색도
많이 바랬구나.
집안의 자랑 효자문,
보여지는 자랑보다

효의 근본,
마음 자세가 소중한 것을.
오늘 부는 좋은 바람
서당골 효바람
훈풍이 온 마을을 감싸네.

—「효자문」 전문

이 효자문은 조선 고종황제 광무 7년(1903)에 창건된다. 경애당 박세환 공의 효성이 지극하여 정효각을 세우고 동몽교관을 제수하면서 세워진 비각이다. 신경자 시인은 낡고 퇴색한 이 효자문을 소중한 유산으로 수용한다. 가까운 조상 중에 나라에서 인정하고 표창하여 효자문을 창설한 분이 계시는 것만으로도 자긍심을 고취할 수 있기 때문이다. 이러한 자긍심으로 조상의 시제(時祭)마다 참석함은 물론, 자녀들에게도 참석을 권유한다. 저서 『가화만사성』에 시제의 일시와 장소까지 기록하고 있다.

'함양 시제'는 전국에서 함양 박씨들이 모여 매년 음력 10월 초하루에 지낸다. 이 외에도 '금강 동이면 시사' '옥천 시사' 등에도 참석하는데, '옥천 시사'는 바로 '효자문' 앞에서 이루어지기 때문에 참석을 권유한다. 이처럼 효(孝)에 집중하는 것은 효가 인륜지대사(人倫之大事)라는 인식에 바탕한다. 이를 근간(根幹)으로 자신도 웃어른을 존경하고 아랫사람을 사랑하는 일에 성심을 다한다. 남편에 대한 예의도 각별하다.

내 남편의 꿋꿋함을 어디에 견주랴.
대나무에 비기랴, 동판에 비기랴

아무리 생각해도 조선의 선비다.

그에게 따뜻한 미소 한 점 없었더라면
그에게 따스한 배려 한 점 없었더라면
나 무얼 믿고 그를 따랐을까
무거운 짐 양손에 가득 들고
나 힘겹게 걸어도 따라만 오던 그,
덥석 짐을 받지 않던 그
무거운 짐 견디다 못해 내려놓아도
그냥 서서 마냥 기다린다.
다시 짐 들고 걸으면 같이 걷고
힘들면 같이 쉬어 갈 뿐 짐을 받지 않는다.

곁에서 씩씩하게 따라 걷는 그 사람
선비는 결코 부인의 짐을 받아들지 않는다.
그런 배짱 좋은 남편이다.
그는 꼿꼿한 조선의 선비다.
—「조선의 선비에 견주다」 전문

조상의 가풍을 이어받은 남편은 매사 '꼿꼿한 자세'를 취한다. 그 꼿꼿함은 현대 남편들의 변화하는 모습과 크게 다르다. 그럼에도 시인은 남편의 가부장적 양태를 수용한다. 남편은 부부 사이의 관계뿐만 아니라, 세상을 살아가는 여러 면에서 일관되게 가부장적 자세를 취하기 때문에 옛 선비에 비유한 듯하다. 조선의 선비는 목에 칼이 들어와도 바른 말을 하며, 아무리 추워도 곁불을 쬐지 않았다고 한다. 이러한 자세가 현대적 가치를 공유하고 있는가? 이에 대한 해석은 개인 차원으로 미룰 수밖에 없다. 다만 두루마기를 입고 상투를 튼 선비 차림의 인물이 현실 생활에서 자주 목격되는 다양한 세상에서 살아가고 있을 뿐이다.

이처럼 고답적 시각까지 수용하는 시인이기 때문에, 본인 스스로 정성과 예의를 소중하게 실천한다. 손자와 손녀에게 사랑과 교훈을 전달하는 편지도 육필(肉筆)로 정성을 담는다. 그 편지를 받아든 손주들의 마음에 할머니의 사랑이 전해질 것으로 믿는다. 이런 정성과 사랑으로 자녀들을 양육하였기 때문에 2남 1녀 모두 사회적으로 성공하고, 부모님의 뜻을 공경하는 인물로 성장한 것 같다.

4.

신경자 시인은 주제의식이 투영된 작품 창작을 선호한다. 그러면서도 서정 시인답게 아름다운 정서를 작품에 투영하여 섬세한 감동을 생성한다. 대부분의 서정시가 뚜렷한 의미를 표면에 투영하는 것이 아니기 때문에, 시를 감상하며, 마음과 느낌으로 공감대를 형성하는 것이 서정시의 본령이기도 하다.

때에 따라 신경자 시인은 자유시의 분방함에서 정돈된 시형으로 승화시키기도 한다. 시의 정형성을 유지한 작품으로는 시조(時調)가 대표적 양식이다. 고려시대 말기를 연원으로 하고 있는 시조, 우리 겨레의 정서와 사상을 집약하여 보여주는 시조, 현대에 와서 종장의 첫 구에 대한 정형성을 유지하면서 형식적 자유를 허용하는 시조, 이런 형식적 제약에도 불구하고 신경자 시인은 100편의 시 속에 단형시조 7편과 2연시조 2편 등 9편의 시조를 선보인다.

눈을 뜨면 잊었다가
눈 감으면 그립다.

노을 지는 오솔길을
어제처럼 걷고 싶다.

깜깜한
밤하늘에서
은하수를 찾는다.

—「그냥 그렇게」 전문

단시조의 제목이 「그냥 그렇게」인 것처럼 주제도 모호하다. 그러나 우리의 일상에서 마주치는 삶의 보편성을 담고 있어 느낌의 공유가 이루어진다. 바쁜 일상에서 〈눈을 뜨면 잊었다가〉 잠시 휴식을 취하거나 잠을 청하기 위해 〈눈 감으면〉 추억 속의 그 사람이 그립게 마련이다. 노을이 지는 오솔길을 추억하며 '그때'처럼 걷고 싶기도 하다. 또한 '어둠이 깊어야 별이 빛나고, 어둠이 짙어야 촛불이 밝다.'는 말처럼 〈깜깜한/ 밤하늘에서/ 은하수를 찾는다.〉 즉 우리가 눈을 감아야 기억 속의 그리운 사람이 보이게 마련이다.

3장 6구 45음절 내외에 우주를 담아낼 수 있는 형식이 바로 '시조'이다. 그러나 시상(詩想)이 다층적이고 복잡해지면 단시조에 모두 담아내기 어려워 연시조를 빚는다. 2개의 단시조를 2연시조라 하고, 3개의 단시조가 이어진 형식을 3연시조라 한다. 신경자 시인은 이와 같이 정돈된 시조 형식의 정형시 9편과 함께, 산문시 형식도 활용하고 있는데, 「어머니 6」 「어머니 22」 「지리산에 부는 바람」 등 3편이다. 이는 시 형식의 다양성을 보여주는 것으로 신경자 시인의 시 창작 경향을 가늠하게 한다. 그러나 우리가 통상 자유시라고 말하는 작품이 88편인 것을 보면, 시 형식에 크게 구애받지 않는 것 같다.

푸른 하늘만 바라보아도
몰래 가슴이 떨립니다.

숨을 내 쉬어도
숨을 크게 들이마셔도
그대의 눈빛이
봄날 아지랑이처럼
이렇듯 곱게 다가섭니다.

봄빛이 꽃길을 만들 때
가슴이 먼저 놀랍니다.

—「봄날의 아지랑이」 전문

아름다운 작품이다. 시인은 〈푸른 하늘만 바라보아도〉 가슴이 떨리는 사람이다. 숨을 내쉬거나 들이마실 때에도 그대의 눈빛이 곱게 다가선다. 그 대상을 한정하지는 않았지만, 어릴 때의 첫사랑이었을까, 먼빛으로만 보아오던 짝사랑이었을까, 아니면 김수한 추기경과 같은 흠모의 대상이었을까, 어떤 객체라도 이처럼 아름다운 사랑의 주인공이 되는 일은 쉽지 않다. 신경자 시인만이 빚어낼 수 있는 사랑시의 절창(絶唱)이다.

이와 같은 절창의 감동은 잔잔한 어조에서도 찾아볼 수 있다. 겉으로 드러나는 강렬한 노래가 아니라, 가슴 안에 속삭이는 낭송과도 같다.

수첩을 연다.
끝없는 수평선의 여백에
편지를 쓴다.

지난 해 아팠던 상처는
잘 아물었는지,
나도 같이 아픈 마음으로
안부를 묻는다.

이제 새롭게 세울
우리 우정의 꽃대에도
꽃을 피워보자며
그림을 그린다.

수첩을 닫으며
아직도 많이 남아 있는
여백에 그대를 가둔다.

—「수첩」 전문

시인이 〈수첩을 연다.〉 이 수첩의 행간을 그는 〈끝없는 수평선의 여백〉이라고 하며, 이 여백에 〈편지를 쓴다.〉고 속삭인다. 첫 연(聯)에서 보이는 비유와 상징으로 인해 이 작품의 격조(格調)는 높아지게 마련이다. 〈지난 해 아팠던 상처는/ 잘 아물었는지,/ 나도 같이 아픈 마음으로/ 안부를 묻는다.〉에서 보이는 '동병상련(同病相憐)'의 정서가 감동의 물결을 일으킨다. 이 바탕에서 〈이제 새롭게 세울/ 우리 우정의 꽃대〉라는 놀라운 은유로 작품의 수준을 높인다. 이렇게 감동을 생성하며 항해하던 시인은 〈아직도 많이 남아 있는/ 여백에 그대를 가둔다.〉면서 수첩을 닫는다. 이처럼 잔잔한 어조로 예술적 감동을 생성할 수 있는 것이 신경자 시인의 '시인다운 역량'이다.

5.

신경자 시인은 사랑하던 어머니뿐만 아니라, 세상에서 만나는 훌륭한 인물들을 멘토로 삼아 따르고자 한다. 그 분들의 훌륭한 말씀을 거울삼기도 하고, 그 분들이 실천하신 위업을 따르기도 하면서, 살아 있는 자신의 의미와 역할을 확인한다.

> 불꽃처럼 살다 가고 싶은
> 한 여인의
> 못다 이룬 꿈이 있다.
> "베풀지 못함 후회 말고
> 내 모든 것 드리고 가리다."
> 추기경님의 말씀처럼
> 보잘 것 없는 몸일지라도
> 아직 살아야 할 인연이 있다면
> 내 장기 일부라도 떼어
> 그 분에게 드리고 싶다.
> 내 못다 핀 열정을 받아

꽃피워 주기를
세상의 빛이 되기를 기도하오니
마지막 가는 자
불쌍하게 생각하지 말고
당당하게 세상의 빛이 되라.

—「소망」 전문

종교 지도자 중에서 대한민국 국민들의 존경을 받던 김수한 추기경이 선종하였다. 그 분의 일생을 되돌아보며 시인은 스스로 〈세상의 빛이 되기〉를 소망한다. 이는 김 추기경이 〈베풀지 못함 후회 말고/ 내 모든 것 드리고 가리다.〉라면서 하늘로부터 받은 자신의 육신까지 공여한 원력(願力)에 대한 감동과 깨달음이다. 자신의 깨달음을 스스로 실천하는 것은 물론, 자녀들에게도 권유하는 마음이 진실로 오롯하다.

시인은 자녀들에게 남길 '유언?'을 집약하여 『가화만사성』을 발간한다. 이때의 보람과 기쁨을 작품에 투영하여 「큰 빛이 되거라」 권유한다. 〈감동이었다./ 어떤 말로도 형용할 수 없는 벅차오름,/ 하늘이 이처럼 가슴 뛰게 할까?/ 바다가 이처럼 감동이 깊을까?〉라고 벅찬 감동을 표현한다. 〈내가 소원하던 것〉 〈믿기지 않는 감동〉을 자녀들에게 전하면서 〈내훈 속에 바른 참 길〉이 있음을 제시한다. 동시에 〈밝은 근본 세워〉 자녀들이 〈큰 빛〉으로 생활하기를 소망한다. 이는 시인의 열정이 빚어낸 가치(價値)이며, 또한 무엇으로도 대신할 수 없는 의미(意味)이기 때문이다.

깊은 어둠 속에서도
빛이 보입니다.
그 빛을 따라
한 발자국 한 발자국
흔적들을 남깁니다.

—「열정」 전문

그래서 시인은 5행으로 빚어진 「열정」에서 잠언(箴言)과도 같은 의미를 생성한다. 그는 「늦깎이 시인」에서 〈그 열정 하나로/ 시어(詩語) 하나 낚기 위해/ 날밤〉을 새운다고 고백한다. 또한 「시인의 마음」에서 〈글은 마음의 양식이라 했다./ 먹고 먹으면/ 배부른 시인이 될 수 있을까?〉 사색한다. 시를 빚으면 〈마음속 암흑의 그림자 걷히고/ 맑은 글/ 아름다운 노래가 쏟아질까?〉 소망한다.

이런 열정과 서정으로 빚은 신경자 시인의 작품은 독자들과 폭 넓은 공감대를 형성하리라 믿는다. 이런 믿음으로 신경자 시인의 첫 시집에 대한 여로(旅路)를 접는다.

마감글

늘 마음은 채워지지 않습니다.

아쉬움은 항상 미안함과 부끄러움, 죄스러움을 동반하고 있었습니다. 가족을 위해 "내훈"을 마쳤을 때 감격스러움은 잠시, 멘붕 상태로 오래 헤어나질 못했고 수치스러움과 채찍을 연상했습니다.

한동안 펜을 들지 못하고 서성였습니다. 기력이 다 소진한 듯 열기와 혼이 다 빠져나간 듯 아무 생각 없이 우울하고 외롭기까지 했습니다. 그러나 행복시를 쓰기 위함은 또 하나의 도전이었습니다. 나 자신과의 약속이었습니다.

더 무서운 채찍이 있다 해도 살아온 경험을 거울삼아 인생 빚 덜어가며 참되게 살렵니다.

나의 스승님 김숙자 선생님을 만났기에 용기 내어 내훈과 행복한 시를 세상에 내놓게 되었고, 뒤에서 묵묵히 바라봐준 남편과 가족에게 무한한 사랑과 감사를 드립니다.

2017년 7月 어느 날

저자 **신 경 자**

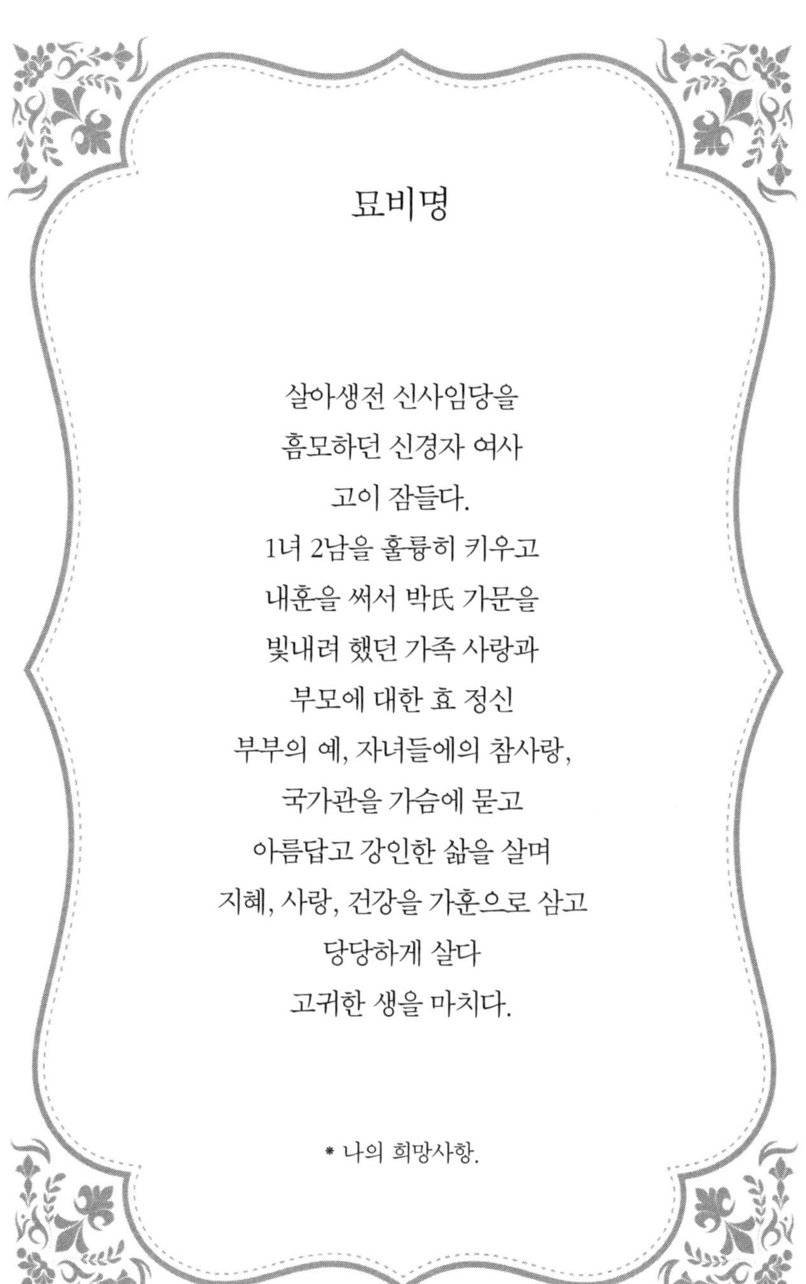

묘비명

살아생전 신사임당을
흠모하던 신경자 여사
고이 잠들다.
1녀 2남을 훌륭히 키우고
내훈을 써서 박氏 가문을
빛내려 했던 가족 사랑과
부모에 대한 효 정신
부부의 예, 자녀들에의 참사랑,
국가관을 가슴에 묻고
아름답고 강인한 삶을 살며
지혜, 사랑, 건강을 가훈으로 삼고
당당하게 살다
고귀한 생을 마치다.

* 나의 희망사항.

계절의 그루터기

신경자 시집

발 행 일 | 2017년 7월 7일
지 은 이 | 신경자
발 행 인 | 李憲錫
발 행 처 | 오늘의문학사
출판등록 | 제55호(1993년 6월 23일)
주 소 | 대전광역시 동구 대전로867번길 52(삼성동 한밭오피스텔 401호)
전화번호 | (042)624-2980
팩시밀리 | (042)628-2983
전자우편 | hs2980@hanmail.net
카 페 | cafe.daum.net/gljang (문학사랑 글짱들)
카 페 | cafe.daum.net/art-i-ma (아트매거진 아띠마)

공 급 처 | 한국출판협동조합
주문전화 | (070)7119-1741~2
팩시밀리 | (031)944-8234~6

ISBN 978-89-5669-828-1
값 12,000원

이 도서의 국립중앙도서관 출판예정도서목록(CIP)은
서지정보유통지원시스템 홈페이지(http://seoji.nl.go.kr)와
국가자료공동목록시스템(http://www.nl.go.kr/kolisnet)에서 이용하실 수 있습니다.
(CIP제어번호 : CIP2017014613)